AF242626

SOCIALISME APPLIQUÉ
AU CRÉDIT, AU COMMERCE

A LA PRODUCTION

A LA CONSOMMATION

PAR

FRANÇOIS COIGNET

MANUFACTURIER,

AUTEUR DE LA RÉFORME DU CRÉDIT ET DU COMMERCE.

Prix : 25 centimes.

PARIS

A LA LIBRAIRIE PHALANSTÉRIENNE,
Quai Voltaire, 25, vis-à-vis le Pont-National.
1849

SOUS PRESSE :

Pour être mis en vente au premier jour à la Librairie phalanstérienne,

RÉFORME DU CRÉDIT ET DU COMMERCE,

Par le même.

Ce travail démontre qu'il est possible de reformer le crédit et le commerce sans renverser l'ancienne organisation, et il prouve que cette réforme donne entre autres pour principaux résultats :

1º La refonte du budget, l'augmentation des recettes, la diminution des impôts ;
2º L'inutilité du capital dans la banque et le commerce, et son retour à la production ;
3º La suppression de l'usure, de l'agiotage et de la spéculation ;
4º L'abolition de la faillite ;
5º L'augmentation de la consommation et de la production, et partant la suppression du chômage ;
6º La hausse des salaires ;
7º La diminution du prix des produits, etc., etc.

Imprimerie Lange Lévy, 16, rue du Croissant.

SOCIALISME APPLIQUÉ
AU CRÉDIT, AU COMMERCE
A LA PRODUCTION
A LA CONSAMMATION.

POLITIQUE DU SOCIALISME.

Le socialisme que l'on disait mort se relève plus vivant et plus fort que jamais, les dernières élections le constituent le seul parti puissant en France ; lui seul a des idées, lui seul agite les esprits, lui seul excite l'enthousiasme, lui seul va conduire la France à faire de grandes œuvres, parce que avec le socialisme, le peuple français a retrouvé un but religieux, la France a retrouvé sa grande âme.

Les quelques milliers de voix socialistes se sont transformés en millions de suffrages.

Mais plus ce triomphe est immense, plus les socialistes doivent prendre l'attitude de la force incontestée, plus leurs actes et leurs paroles doivent être empreints de sagesse et de modération.

Il ne faut pas se faire illusion, si les socialistes ont la majorité dans de nombreux départements, il en reste un plus grand nombre encore où le socialisme doit aussi conquérir la majorité, car il sera digne du socialisme en arrivant au pouvoir d'être porté par la presque unanimité des Français.

Après un an de la réaction la plus ardente qui se soit jamais vue, le pays se retrouve à son point de départ, nous voici revenus au 24 février.

D'un côté, un peuple immense abreuvé de souffrances et de misères, qui réclame le changement de sa situation ; de l'autre, une bourgeoisie haletante exténuée par l'usure, par l'agiotage, par la concurrence effrénée, qui est prête aux sacrifices.

Mais il y a cette différence entre le 24 février et le 13 mai, qu'au 24 février peu d'hommes en France savaient ce qu'il fallait faire pour soulager à la fois la bourgeoisie et le peuple, tandis qu'au 13 mai la lumière est faite pour tous.

Il est acquis que des réformes sages et hardies du crédit et du commerce seront aussi favorables à la bourgeoisie qu'au prolétariat.

Tout dépend maintenant de la conduite politique que vont suivre les socialistes, ils tiennent l'avenir de la France dans leurs mains.

Majorité aujourd'hui ou demain, assurés dès ce moment du plus prochain avénement au pouvoir, leur conduite ne peut être ce qu'elle était quand ils étaient en minorité ; quand ils étaient partout menacés dans leur existence, dans leur vie, quelques uns parmi eux étaient fatalement entraînés alors à remplacer le nombre par la violence, ils se savaient entourés d'ennemis, ils voyaient que faute d'études préalables sur ce qu'il fallait faire, le temps s'écoulait sans résultat et grandissait contre eux la réaction, ils en arrivaient donc à se défendre instinctivement et ils frappaient plus fort que juste ; c'est à cette nécessité d'une défense désespérée, qu'il faut attribuer la violence dans les actes, l'exagération dans les paroles.

En effet, le socialisme en minorité évidente ne pouvait demander la conciliation à une majorité qui refusait, non seulement toute concession, mais même toute discussion ; assurés qu'il était impossible de rien obtenir par la douceur, on conçoit que quelques esprits ardents aient dû recourir à l'arme du faible, à la menace et à l'exagération.

Aujourd'hui tout est changé, ils sont la vie, la force, l'avenir de la France ; plus ils sont nombreux, plus ils s'approchent du but, plus ils doivent s'attacher à élargir leurs rangs, et à appeler à eux le plus grand nombre en ne présentant que des réformes favorables à toutes les classes.

Les socialistes doivent toujours avoir présent à l'esprit *que ce ne sont pas les révolutions les plus radicales qui donnent le plus de résultats; ce sont celles qui donnent satisfaction aux plus nombreux intérêts.*

Il faut donc sortir de l'esprit de lutte et d'antagonisme, il faut cesser de croire que la révolution ne produira son effet que par le sacrifice de la classe contre laquelle elle s'accomplit ; il ne faut pas procéder par exclusion, mais par absorption ; les travailleurs doivent tenir compte des intérêts de leurs adversaires, ils doivent les admettre aux bénéfices des réformes ; s'ils ne le faisaient pas, si étant la majorité, si étant bientôt le pouvoir, ils continuaient de soutenir comme à l'époque où ils étaient la minorité, que les prolétaires seuls ont des droits, et que la révolution doit profiter aux prolétaires seuls ; s'il en était ainsi, nous ne craignons pas de le dire, ce serait donner naissance à une nouvelle réaction, ce serait éloigner le moment de l'avénement du travail à la propriété, ce serait reculer la transformation du prolétariat en sociétariat, ce serait vouloir remplacer une voie de paix et de fécondité pour tous, par le combat et peut-être l'extermination.

Il faut que les socialistes sachent voir la situation telle qu'elle est.

La masse entière des Français, sauf une infime minorité, a besoin des réformes.

Le propriétaire, exploité par l'usure, veut la réforme du crédit.

Le producteur agricole et manufacturier, rançonné par l'usure et la spéculation commerciale, veut aussi la réforme.

Le commerçant, écrasé par la concurrence, appelle le changement à grands cris, dût-il y périr.

Tous reconnaissent qu'il faut faire quelque chose, tous sont socialistes, et voilà ce qui explique la vaste contre-réaction qui vient de se produire.

Les réformes sont donc réclamées par la grande majorité, par l'immense majorité.

Mais c'est à la condition que ces réformes respecteront la propriété individuelle, QUE LA PROPRIÉTÉ INDIVIDUELLE SOIT DONC MISE HORS DE CAUSE, et, à l'instant, les réformes qui paraissent impossibles vont s'accomplir.

C'est une question de vie ou de mort, tout est là ; la peur de la dépossession a failli faire avorter la révolution de février ; elle a failli empêcher l'Europe de se révolutionner ; elle a failli rendre possible l'invasion de la France par les Barbares, malgré le triomphe récent du socialisme ; elle ramènerait encore les mêmes dangers ; elle rendrait infaillibles le combat et l'anarchie, si elle se présentait de nouveau.

Il faut avant tout, et par-dessus tout, que les socialistes rassurent la possession ; ils doivent faire converger tous leurs efforts vers ce but ; le triomphe définitif du socialisme est à ce prix.

En effet, l'amour de la possession n'est point un sentiment de pur égoïsme ; il est le résultat de l'organisation même de l'homme. Dieu, en créant l'homme, lui a donné l'ordre de se conserver ; il lui a donné l'attrait pour le bien-être ; il lui a donné l'intelligence pour prévoir les fâcheuses éventualités.

Or, la propriété n'a pas d'autre cause que cette nécessité de prévoyance. L'homme économise pour se garantir des malheurs de l'avenir ; il économise pour mettre ses vieux jours à l'abri de la misère ; il économise pour donner l'éducation à ses enfants, pour les mettre à l'abri de ce qu'il a pu souffrir lui-même ;

il économise pour prévoir les disettes, les faillites, les maladies ; il économise pour augmenter son bien-être.

Il est donc évident que l'économie c'est la prévoyance ; mais cette prévoyance, dans l'état actuel de lutte, d'antagonisme et de morcellement de la société, ne pouvait se manifester que par la propriété.

Telle est la raison qui fait que celui qui possède préférerait la mort à la dépossession ; il sent que, sans propriété, il retombe sous le coup de toutes les souffrances, de toutes les mauvaises chances. Ce qu'il faut faire n'est donc pas d'attaquer la possession, c'est-à-dire la garantie contre l'avenir.

Les socialistes doivent avoir pour but de créer des garanties sociales qui rendent sans utilité les efforts individuels faits par chaque homme aux dépens de la société pour se garantir personnellement.

Il faut mettre la vieillesse à l'abri de la misère, et alors personne n'aura besoin d'économiser pour ses vieux jours.

Il faut donner l'éducation et la profession aux enfants, et alors il ne faudra pas économiser et accumuler dans ce but.

Il faut rendre le chômage impossible, et on n'aura pas besoin d'économiser afin de pourvoir à des éventualités qui ne se présenteront pas.

Il faut abolir l'agiotage, la spéculation, la faillite, la concurrence d'écrasement, alors l'économie accumulée afin de se garantir de ces vices actuels de la société deviendra inutile.

Le but du socialisme est de créer toutes ces garanties, que la propriété seule aujourd'hui peut donner à l'individu ; la création de ces garanties amènera alors, sans obstacles et du consentement général, la réalisation des principes les plus absolus ; mais vouloir détruire la garantie avant de l'avoir remplacée, c'est lutter contre l'homme, contre la nature, contre Dieu.

Plus de menaces, donc ! que chacun conserve ce qu'il possède ; mais que, dès ce moment, les socialistes, unis comme un seul homme, formulent le programme de leurs volontés.

Ils ne doivent demander rien de plus, rien de moins que ce qui est strictement juste. Il est indigne d'un grand peuple de demander plus qu'il ne veut obtenir, il ne faut pas surfaire ; les socialistes doivent adopter des projets de réforme, et, une fois adoptées, ils doivent en poursuivre la réalisation avec une fermeté, une persévérance indomptable.

Il ne faut plus dire : tout ou rien ; il faut formuler ce qu'on a droit de demander, sans attaquer le droit des autres, et poursuivre la réalisation jusqu'au bout.

Alors l'enfantement du socialisme, qui a commencé au milieu de tant de terreurs et de souffrances, s'accomplira sans obstacles et sans déchirements, le jour où tous les possesseurs sauront qu'il ne s'agit pas de les déposséder, le jour où ils sauront que les réformes sont aussi faites en leur faveur, le jour où ils comprendront que le socialisme a pour but, non de replonger la bourgeoisie dans le prolétariat, c'est-à-dire dans la misère, mais bien d'élever le prolétariat à la bourgeoisie, c'est-à-dire au bien-être.

Ce jour-là, le socialisme, appuyé sur toutes les sympathies, embrassant la France entière, réalisera pacifiquement toutes ses promesses.

Les socialistes, en vue de leur triomphe prochain, ont des devoirs à accomplir :

Ils doivent avant tout formuler un programme de leurs vœux, de leurs volontés. Il faut que les populations sachent ce qu'ils demandent ; il n'est plus permis un seul instant de conserver la moindre obscurité sur leurs prétentions, le moindre retard devient un crime.

Il faut donc, toute affaire cessante, que les socialistes formulent leur programme conciliateur.

Il faut que la mystification de Février ne se renouvelle pas, il ne doit pas y avoir un pouvoir caméléon, composé d'opinions incohérentes et ennemies ; tous l es socialistes doivent marcher comme un seul homme, sans hésiter, sans tâtonner.

On croit généralement, et les socialistes eux-mêmes croient qu'il existe de nombreuses divisions, des séparations presque infranchissables, entre les écoles et les divers socialistes.

C'est une grande, profonde et funeste erreur ; les socialistes sont d'accord sur tous les points, excepté un seul.

Ils sont d'accord sur le crédit, ils sont d'accord sur le commerce, ils sont d'accord sur tout, excepté sur les relations du capital et du travail dans la production, dans l'atelier.

Que résulte-t-il de ce fait ? c'est que les socialistes doivent mettre en relief, en corps de doctrine, tous les points sur lesquels ils sont d'accord, qu'ils doivent en faire un programme de gouvernement.

Et NOUS LE JURONS, CES POINTS SUR LESQUELS EXISTE L'UNANIMITÉ, SUFFISENT A EUX SEULS A CONSTITUER LA PLUS BRILLANTE RÉVOLUTION QUI AIT JAMAIS ÉTÉ ESPÉRÉE.

Quant à l'unique point qui les sépare, leur conduite est bien simple ; il faut qu'ils se respectent mutuellement au lieu de se séparer ; il est évident que le fait seul de leur division indique que la question n'est pas suffisamment mûre, car puisqu'il existe une science sociale, si la question était mûre, tous les socialistes seraient d'accord ; qu'ils étudient donc, qu'ils expérimentent les meilleurs procédés, et l'expérience décidera.

Il faut partir de ce fait que l'association est encore à peu près inconnue ; nul ne sait positivement quel est le mode le plus parfait de l'organisation associée dans la manufacture, il faut admettre en principe que le procédé d'association le meilleur est celui qui sera le plus facilement applicable, qui rencontrera le moins d'antagonistes et d'obstacles, qui donnera le plus de bien-être au travailleur, et qui l'appellera le plus promptement à la propriété.

Pour que les socialistes trouvent l'appui de la masse de la nation, il faut qu'ils commencent par s'entendre entre eux. Alors, quand ils auront proclamé *urbi et orbi* leurs projets, leurs volontes, il ne sera plus possible d'abuser les esprits crédules, et la France pourra marcher à pas de géant dans la voie du progrès pacifique et sauver le monde des effroyables convulsions dans lesquelles il se précipite.

Souvenons-nous tous de février : les ouvriers n'ont point su profiter de la révolution, parce que, surpris par la victoire, ils n'ont point su formuler leurs droits; ils avaient le pouvoir, ils en ont été embarrassés, et ils sont demeurés impuissants pour agir.

D'un autre côté, la bourgeoisie ne nie pas la nécessité des réformes ; quoi qu'on en dise, elle était prête aux sacrifices; mais profondément ignorante elle ne sut pas prendre l'initiative des réformes, devoir qu'elle avait à remplir, puisqu'elle possède la fortune, le loisir et l'éducation ; elle ne sut pas comprendre que la révolution n'avait pas besoin de sacrifices, et que les réformes pouvaient être aussi favorables à la bourgeoisie qu'au prolétariat ; elle s'épouvanta elle-même de son impuissance, de son ignorance, la tête lui tourna sur le bord de l'abîme, et au lieu d'envisager courageusement la difficulté, elle ne sut que se lancer dans un mouvement stupide de réaction.

Mais les idées ne succombent pas sous une réaction, on peut le voir aujourd'hui.

La question se pose de nouveau comme en février. Tous, bourgeois et prolétaires, doivent s'empresser d'un commun accord d'étudier les réformes, puis de les réaliser.

Formuler les réformes à accomplir, tel est le but que nous nous proposons ; nous n'avons pas l'audace de croire que nos formules soient les meilleures, nous voulons seulement indiquer, par notre exemple, la marche à suivre.

QUEL EST LE BUT QUE LE SOCIALISME VEUT ATTEINDRE.

C'est sur ce point que les socialistes doivent avant tout se mettre d'accord ; la nécessité de s'unir sous un drapeau commun ne s'et pas fait impérieusement sentir tant qu'il s'est agi de marcher au combat pour renverser les obstacles.

Mais du moment que le socialisme devient gouvernemental, il est urgent, c'est un devoir impérieux de bien savoir ce qu'on veut, et surtout de le démontrer bien clairement au peuple tout entier.

Quelques clameurs insensées, des terreurs stupides ne doivent plus permettre un seul instant de croire que le but du socialisme soit une vengeance à assouvir par le prolétariat sur la propriété.

Tous les Français, convaincus par les déclarations multipliées des socialistes, doivent savoir qu'il n'en est rien ; le socialisme n'est point une vengeance, son but n'est point de réduire la bourgeoisie au prolétariat.

LE BUT DU SOCIALISME EST D'ÉLEVER LE PROLÉTARIAT A LA POSSESSION.

LE SOCIALISME VEUT PAR UNE MEILLEURE ORGANISATION DU TRAVAIL CRÉER TANT DE RICHESSES, QU'IL Y EN AIT POUR TOUS ; IL VEUT QUE LES RICHES RESTENT RICHES, MAIS A LA CONDITION QUE LES PAUVRES PARTICIPENT AUSSI A LA RICHESSE.

Tel est le but du socialisme; ainsi considéré, il n'a plus rien de menaçant pour personne. Du moment que le prolétariat ne recherche pas une vengeance, du moment qu'il ne réclame que la satisfaction des droits les plus légitimes, il est évident que les réformes peuvent être opérées pacifiquement et avec l'assentiment général.

Mais pour résoudre un problème, il faut procéder avec méthode et scientifiquement, il faut bien étudier ce qu'on veut réformer, afin que les réformes soient bien réellement celles qu'il faut réaliser.

Il faut donc procéder par ordre, on ne peut tout résoudre à la fois, la nature ne procède que progressivement, chaque jour apporte le développement de l'œuvre, il faut procéder de la même manière en fait de réformes sociales.

Pour donner des formules claires, précises et faciles à être admises par toutes les intelligences, il faut opérer la classification des réformes à accomplir, car l'ensemble de ces réformes constitue la science sociale, et jamais une science n'a acquis le caractère de l'exactitude que par la classification.

L'homme, au matériel, en ce qui concerne ses relations avec la société, est producteur et consommateur, c'est-à-dire que tout homme est ou devrait être producteur, tout homme est ou devrait être consommateur.

Mais tout homme ne consomme pas tout ce qu'il produit ; il a besoin de consommer d'autres produits résultant du travail des autres hommes. Cette nécessité a engendré une fonction intermédiaire entre le producteur et le consommateur ; cette fonction est la circulation.

On peut donc classer le mouvement de l'homme, au matériel, ainsi qu'il suit :

<pre>
                          (production..... { agriculture.
   Action matérielle   {   { manufacture.
          de   { circulation..... } banque.
       l'homme :   {   } commerce.
                          (consommation.. | ménage.
</pre>

Cette classification, dont chaque terme serait lui-même susceptible d'une sous-classification, peut nous permettre de suivre plus facilement les réformes à opérer.

Il était d'autant plus indispensable de faire cette classification qu'elle permet de voir qu'il est possible de réaliser la réforme de chacun des trois termes production, circulation et consommation, séparément, sans que la réforme opérée sur chacun des termes, influe directement sur les deux autres.

Ainsi il est permis de concevoir la production complétement réformée par l'association dans l'atelier, sans que la fonction intermédiaire de la banque et du commerce, sans que la fonction de consommation dans le ménage subissent la moindre modification.

On peut réformer la banque, le crédit et le commerce, sans que la production et l'atelier, l'agriculture et la manufacture, les relations du capital et du travail éprouvent le moindre changement direct et immédiat.

On peut concevoir une réforme de la consommation par l'association, par la cité ouvrière, par le ménage sociétaire, sans que l'atelier, sans que la banque et le commerce cessent de conserver leur existence actuelle.

Si donc chacun de ces termes peut recevoir à part une solution complétement spéciale et indépendante, cela indique qu'il faut employer pour chacun d'eux un mécanisme spécial et indépendant.

C'est pour n'avoir pas su apprécier cette indépendance et cette variété, que tous les plans et projets présentés jusqu'à ce jour ont été repoussés.

En effet, presque tous les projets présentés avaient la prétention de réformer à la fois les abus de tous les termes du mouvement social.

Ces projets donnés par leurs auteurs comme une panacée universelle, n'ayant simplement pour base qu'un des termes du mouvement social, soit la production (1), soit la circulation (2), auraient peut-être pu avoir de bons résultats, s'ils s'étaient renfermés chacun dans sa propre spécialité; mais, comme ils avaient la prétention de réformer tout à la fois, ils ne répondaient plus aux exigences du problème tout entier, et c'est ce qui a amené leur chute.

Mais, d'un autre côté, on a rejeté aussi de bons moyens de réforme, sous prétexte qu'ils ne résolvaient pas à la fois tous les termes du problème, et c'était un tort.

Ce tort ne doit plus se renouveler; il ne faut pas rejeter une réforme sous le prétexte qu'elle ne résout pas l'ensemble du problème; il suffit qu'elle résolve un des termes pour qu'elle soit acceptée, quitte à la compléter par de nouvelles réformes portant sur les autres points.

Ainsi tous les socialistes, tous les démocrates, tous les hommes de progrès sont unanimes sur ce point, qu'il est urgent de réaliser une réforme du crédit et du commerce; cela suffit pour qu'on applique le mécanisme spécial de la réforme du crédit et du commerce, alors même que ce mécanisme ne résout pas le problème de la production ni de la consommation.

Il ne s'agit dans ce cas que de réaliser plus tard le mécanisme spécial à la production et à la consommation.

C'est ainsi que l'on peut expliquer la guerre apparente qui a existé jusqu'à ce jour entre les diverses écoles socialistes.

Elles étaient unanimes sur la nécessité des réformes, et même sur ce qu'il fallait réformer, mais elles se divisaient sur les moyens à employer, chacune d'elles ayant un point de vue différent.

Ainsi M. Proudhon, qui avait plus particulièrement étudié le problème de la circulation, ne concevait la réforme que par la constitution de la banque du peuple, et il négligeait non seulement la moitié de la circulation, c'est-à-dire le commerce, mais encore la production agricole et manufacturière, mais encore la consommation.

Les phalanstériens, de leur côté, ayant plus étudié les questions de production

---

(1) *Organisation du travail* de Louis Blanc.
(2) *Banque du Peuple* de Proudhon.

et de consommation, avaient attaché moins d'importance à la question de circulation; ces divergences provenaient d'une classification insuffisante du mouvement social; mais la classification opérée rend dorénavant toute division impossible. Chacun a raison à son point de vue, car il faut des réformes de la circulation, de la production, de la consommation; il faut trouver des procédés qui résolvent chacun des termes séparément, de telle sorte que l'ensemble de ces procédés spéciaux constitue la solution complète de tout le problème.

Nous devons appeler l'attention sur un fait, c'est que les réformes à accomplir dans la circulation, la production et la consommation, correspondent chacune à un état social différent, dans lequel les relations entre les hommes révèlent un caractère tout particulier, ce qui indique encore combien il est important de resoudre ces trois questions séparément.

Ainsi, la réforme de la circulation a pour propriété de maintenir l'individualisme; tout homme n'est responsable que de lui-même, il n'existe entre lui et les autres hommes aucune solidarité directe. Il est évident que dans l'état de nos mœurs, basé sur l'isolement, le morcellement et la défiance, cette réforme qui maintient cet état de choses est beaucoup plus facile à appliquer.

Et ce qui le prouve, c'est que tout le monde admet aujourd'hui la convenance de la réforme du crédit et du commerce.

C'est par la réforme de la circulation qu'il faut commencer, puisqu'elle ménage davantage nos mœurs et nos préjugés, puisque la France tout entière la reclame à grands cris.

L'attention des socialistes doit donc de préférence et avant tout se porter sur la réforme de la circulation.

Cette réforme, quoique incomplète, atteindrait des résultats immenses.

La réforme de la production doit venir ensuite, mais la difficulté devient plus grande, la solution s'élève d'un degré sur l'échelle sociale.

En effet, la réforme de la production qui ne peut s'opérer que par l'association, remplace l'individualisme, l'isolement, le morcellement, l'insolidarité, par la solidarité entre les associés, par le contact permanent des intérêts. On conçoit donc que l'application de la réforme soit plus difficile, car il faut tenir compte de la liberté individuelle, il faut agir par transitions successives, afin de réaliser une organisation contraire à tout ce qui s'est passé jusqu'à ce jour.

Il y a une étude toute entière à faire, et nul ne peut dire que le problème de l'association soit complètement et pratiquement résolu; les tentatives faites jusqu'à ce jour, les associations d'ouvriers ne prouvent rien, car de toutes les questions qu'elles croient avoir résolu, aucune n'a reçu de solution réelle; le problème de l'association est plus compliqué qu'on ne le pense généralement, il doit réunir de nombreuses conditions, l'absence d'une seule renverserait tout l'édifice.

On ne peut donc plus, comme pour la circulation, opérer la réforme par décrets généraux, il faut expérimenter les meilleurs procédés, il faut du temps pour cela.

Il est impossible à un gouvernement dans l'état actuel des choses, de décréter la réforme complète de l'atelier agricole ou manufacturier. Toute tentative de ce genre, faite d'une manière inopportune, atteignant les hommes jusque dans leur vie privée, mettrait le feu aux poudres, et renouvellerait les désastres économiques de février.

Voilà donc deux points acquis: il faut procéder par voie gouvernementale à la réforme du crédit et du commerce, cette réforme pouvant s'opérer sans porter aucune atteinte aux mœurs et aux usages.

Puis il faut procéder par voie expérimentale à la réforme de la production, afin d'indiquer aux populations quel est le meilleur système, il faut que la réforme s'opère librement et volontairement par la démonstration des avantages qui en résulteraient pour tous.

La réforme de la consommation s'élève encore sur l'échelle sociale.

La réforme de la circulation maintenait l'isolement entre les hommes.

La réforme de la production établissait entre eux la solidarité dans l'atelier **par** l'association.

Mais la réforme de la consommation va plus loin, elle établit entre les hommes, par le ménage sociétaire, un lien plus immédiat, plus permanent, plus intime ; c'est un contact incessant dans les relations de la vie privée, les liens d'affection et de famille.

La question devient de plus en plus délicate ; il faut donc encore se garder de procéder autrement que par voie d'expérimentation ; il faut démontrer à la France quelles sont les meilleures réformes à opérer dans ce sens, mais laisser à tous la liberté la plus absolue.

Les hommes ne doivent être attirés que par le bienfait à obtenir.

Nous allons formuler rapidement les décrets qu'a notre sens, il serait nécessaire de promulguer en suivant la marche progressive et graduée que nous venons d'indiquer.

DÉCRETS QUE LE SOCIALISME DOIT PROMULGUER (1).

L'avènement certain du Socialisme au pouvoir, dans un délai très-rapproché, est un fait incontestable ; il est clair que cet avènement sera l'inauguration d'un ère nouvelle aussi bien dans la politique que dans l'organisation de la société. Le Socialisme aura donc à promulguer des lois politiques et surtout des réformes sociales.

Nous ne voulons nous occuper ici que de ces dernières. A notre sens la première mesure a prendre par les socialistes doit être la fondation de la Banque d'Etat.

PREMIER DÉCRET.

RÉFORME DU CRÉDIT. BANQUE D'ÉTAT.

Cette question est suffisamment étudiée, suffisamment connue. Tous les hommes de progrès toutes les écoles sont unanimes sur les principes qui doivent servir de base à la réforme du Crédit.

TOUS LES SOCIALISTES SAVENT QUE LA BANQUE D'ETAT DOIT ÊTRE LA MONÉTISATION, LA MISE EN CIRCULATION DE TOUTES LES VALEURS, IL FAUT QUE TOUT INDIVIDU POSSÉDANT UNE VALEUR QUELCONQUE puisse par le moyen de la Banque changer cette valeur en monnaie échangeable à son tour contre toute autre valeur.

D'accord sur le but de la réforme du crédit, les socialistes sont aussi d'accord sur les conditions que (2) doit remplir l'institution nouvelle du Crédit.

1° Le billet de banque doit toujours être le signe représentatif d'une valeur au moins intrinsèquement égale à son chiffre d'émission ; le billet de banque doit donc toujours avoir une garantie certaine, authentique, inébranlable.

---

(1) Nous répétons que les projets de décrets qui suivent ne sont pas autre chose qu'un appel à l'étude fait aux socialistes.

(2) Il existe ici quelques légères modifications entre la présente publication et le travail que nous avons publié sous le nom de *Reforme du Crédit et du Commerce*. Ces modifications proviennent de ce qu'il y a quelques mois le moment des réformes paraissait éloigné, tandis qu'aujourd'hui il est imminent.

2º Le crédit doit être mis à la portée de toutes les valeurs, meubles et immeubles, avec la plus parfaite égalité, c'est-à-dire que tous possesseurs, de terres, maisons, usines, produits, marchandises, actions industrielles, etc., puissent emprunter à des conditions également favorables.

3º L'émission de signe d'échange ou billet de banque ne doit être opérée que sur le nantissement d'une valeur en meuble ou immeuble, supérieure à la somme de papier émis, c'est-à-dire que tout porteur d'un billet de mille francs doit avoir la certitude complète que ce billet a pour gage une valeur certaine de 1,200 ou de 1,500 francs.

4º Le nantissement d'une valeur meuble ou immeuble ne doit être accepté qu'après une sévère expertise, opérée par les hommes les plus compétents et de probité incontestable, l'expertise ayant pour but de déterminer la somme du billet de banque à émettre sur le nantissement d'une valeur.

5º La circulation du papier de la banque ne doit s'effectuer que sur le libre consentement des intéressés, sans cours forcé, par le fait seul de la confiance méritée par l'authenticité et la validité de la garantie.

6º Un intérêt modéré, 3 pour 100 par exemple, doit être prélevé sur l'émission du papier, quel que soit le gage, meuble ou immeuble, donnant lieu à l'émission.

7º Le billet de banque ue doit-être émis qu'en proportion des besoins, par conséquent obligation à la banque de recevoir et retirer aux conditions de l'émission, c'est-à-dire en remboursant l'intérêt, tous les billets qui lui seraient présentés.

8º Le billet de banque devant être à la portée de tous, il devra être émis des coupons d'une faible valeur, en nombre proportionné aux besoins de la circulation.

9º Le crédit ne sera mis à la portée dn meuble, qu'après le dépôt préalable du gage. A cet effet, il devra être annexé à chaque comptoir de banque un entrepôt dans lequel seront déposés les meubles, c'est-à-dire les produits et marchandises.

10º Comme il est de la plus haute importance que la valeur du gage puisse être constatée en tout temps, non seulement la banque ne recevra aucun gage sans le soumettre à une expertise qui appréciera souverainement et en toute liberté la valeur intrinsèque du gage; mais encore elle ne doit émettre de billets de banque sur un gage, que moyennant l'engagement pris par l'emprunteur, de rembourser la somme prêtée aux échéances convenues.

A l'échéance, il sera facultatif à la banque de poursuivre par les voies de droit le remboursement de la somme qu'elle aura émise, ou de renouveler ce prêt si le gage a conservé toute sa valeur.

11º Enfin la banque devra fonctionner dans des comptoirs multipliés, afin que tout Français puisse en comprendre le mécanisme, et s'assurer par lui-même que le billet de banque est bien le signe représentatif d'une valeur réelle et authentique.

D'après ce qui précède on voit que :

LE BILLET DE BANQUE NE DOIT ÊTRE QUE LA MONÉTISATION D'UNE VALEUR QUELCONQUE.

De telle sorte que la banque d'État serait une espèce de mont-de-piété général de toutes les valeurs, dont les récépissés seraient des billets de banque.

Tous les hommes qui ont fait une étude spéciale de la question du crédit sont d'accord sur ces conditions ; reste donc à savoir quel est le système de banque qui peut le mieux remplir ces importantes conditions.

Le système qui nous paraît le plus facilement applicable et le plus rationnel, le système qui a conquis l'assentiment le plus général,

C'EST L'EXTENSION DE LA BANQUE DE FRANCE.

Voici donc le décret qu'il serait possible de rendre :

Art. 1er. La banque de France est déclarée banque d'Etat, et sera sous la surveillance directe d'un conseil spécial nommé par l'assemblée nationale.

Les actionnaires de la banque de France seront remboursés après liquidation.

Art. 2. L'émission des billets de banque qui est aujourd'hui autorisée à être quatre fois le montant de l'encaisse métallique sera portée à dix fois, c'est-à-dire, que cent millions d'encaisse, au lieu de donner droit à une émission de quatre cents millions de billets de Banque, donnera droit à une émission d'un milliard.

Art. 3. L'émission des billets de la banque d'Etat doit être proportionnelle aux besoins.

Aucune émission nouvelle n'aura lieu sans être autorisée par un décret de l'assemblée nationale.

L'encaisse de numéraire devra toujours être proportionnel à l'émission.

Art. 4. L'échange à vue du billet de banque contre le numéraire ne sera jamais obligatoire pour la banque d'Etat.

Art 5. La banque d'Etat continuera d'escompter les effets de commerce ou lettres de change, aux conditions employées jusqu'à ce jour.

En outre, elle prêtera sur dépôt de titres de propriété, de terres, de maisons, d'usines, etc. ;

Sur dépôt de coupons de rente ou d'actions industrielles ;

Sur dépôt de produits ou marchandises.

Art. 6. L'émission de billets de banque qu'elle opérera sur ces divers dépôts, ne pourra avoir lieu que d'après l'avis d'un jury d'expertise spécial, qui déterminera le chiffre de la somme à émettre.

Ce chiffre sera toujours inférieur à la valeur de ces divers dépôts.

Art. 7. La banque de France opérera l'émission de ces billets, moyennant un intérêt de 3 0[0, quelle que soit la nature du dépôt sur lequel elle prêtera.

Art. 8. Afin qu'elle puisse opérer l'escompte sur dépôt de marchandises et produits, il sera annexé à chaque comptoir de la banque un entrepôt où seront déposées lesdites marchandises, *aux conditions stipulées dans un décret spécial.*

Art. 9. Les prêts que la banque opérera auront une échéance fixe.

Le jury d'expertise spécial pour chaque nantissement sera chargé de déterminer l'échéance de ces divers prêts.

A l'échéance il sera facultatif à la banque de poursuivre le paiement ou de renouveler le prêt, si, suivant l'avis du jury d'expertise, le gage a conservé toute sa valeur.

Art. 10. La banque délivrera, suivant les besoins, des coupons de 5, 10 et 20 francs.

Art. 11. Tout porteur de billets de banque pourra les déposer à la banque, qui lui en paiera l'intérêt à raison de 3 0[0.

Art. 12. Une succursale de la banque sera établie dans tous les chefs-lieux de département, et en outre dans toutes les localités dans lesquelles le gouvernement reconnaîtra nécessaire d'en établir.

Un décret de ce genre (car nous n'avons pas la prétention de le proposer comme modèle, nous n'avons voulu qu'indiquer à grands traits ce que nous croyons possible), un décret de ce genre, donnant le crédit au meuble et à l'immeuble, à de bonnes conditions, doterait immédiatement la France d'un système de crédit puissant et inébranlable qui amènerait pour résultat la reprise subite de la circulation et du travail, surtout si on y joignait la réforme du commerce, que nous allons décrire plus loin.

Ce décret frappant d'impuissance l'usure et l'agiotage ne manquerait pas de soulever des objections adoptées sans doute par les esprits timorés.

Voici quelques-unes de ces objections :

1° On dira que l'émission des billets de banque, en proportion des besoins, amènera la dépréciation par trop grande affluence

2° On dira que l'encaisse de numéraire, réduit du quart au dixième, enlèvera toute confiance.

3° On prétendra que le change à vue du billet de banque contre le numéraire, n'étant pas obligatoire pour la banque, il s'ensuivra dépréciation.

Ces trois objections n'ont aucun fondement.

Il n'est pas à craindre que l'on opère une émission trop considérable, et qu'il en résulte une dépréciation du billet de banque, par la raison toute simple que la banque, étant obligée d'accepter tout billet qui lui sera présenté, et de rembourser sur ce billet l'intérêt qu'elle aura perçu sur son émission, soit trois pour cent, il est de toute évidence qu'il ne restera, dans la circulation, que ce qui sera absolument indispensable, puisque tout billet de banque sans emploi rentrera certainement à la banque, pour en obtenir le remboursement de l'intérêt.

Il n'y a pas à craindre la dépréciation du billet de banque pour cause d'émission plus grande que les besoins :

1° Parce que l'émission ne sera opérée que lorsqu'un emprunteur en ayant besoin, fournira un gage à monétiser, à mobiliser.

Or, comme cet emprunteur sera obligé de payer un intérêt de 3 0⁄0, il est clair qu'il ne viendra pas emprunter s'il n'a pas besoin.

2° Parce que la banque retirera tous les billets sans emploi en leur remboursant l'intérêt.

La deuxième objection n'est pas plus fondée ; un encaisse de un dixième de l'émission sera plus que suffisant pour attirer la confiance générale ; rien n'est aussi facile à prouver.

L'encaisse a pour but de garantir les porteurs de billets de banque contre les pertes que pourrait subir la banque.

Si la banque subit des pertes, il est évident qu'elle doit avoir un encaisse, mais par contre, si elle n'en subit pas, l'encaisse devient inutile.

Par conséquent, si l'encaisse était inutile à couvrir des pertes qui n'existeraient pas, il importerait peu que cet encaisse fût de moitié, du quart ou du dixième.

Or, les chances de perte de la banque n'existent pas, et ne peuvent pas exister, si l'on ne met jamais en circulation un billet de banque sans qu'il soit absolument, parfaitement garanti par une valeur supérieure, rigoureusement expertisée, et ce qui le prouve c'est que la banque de France qui ne prête que sur la moins garantie de toutes les valeurs, LA LETTRE DE CHANGE, n'a jamais subi de pertes sérieuses.

Il est bien évident que, la banque de France, ne perdant pas, la banque d'Etat sera bien plus sûre encore, puisqu'elle ne prêtera que sur valeurs bien réelles et bien authentiques.

En effet, la banque de France est fondée depuis plus de quarante ans.

Pendant ces quarante années, la banque n'a jamais éprouvé la moindre perte appréciable ; elle a régulièrement, chaque année, servi de larges bénéfices à ses actionnaires.

Bénéfices si réguliers, si assurés, si certains, qu'avant février les actions de la banque étaient cotées à plus du quadruple de leur valeur d'émission.

Cette hausse prodigieuse est toute naturelle, puisque les bénéfices d'une seule année auraient pu couvrir les pertes que la banque aurait pu faire depuis son origine jusqu'en Février.

Les pertes qu'elle a subies en Février sont elles-mêmes une démonstration nouvelle de ce que nous soutenons : *l'inutilité de l'encaisse ;* les pertes de la banque de France depuis Février, par suite de la débâcle de la lettre de change, s'élève-ront en tout à 5 ou 6 millons de francs, après liquidation définitive.

Or, quand on songe que la banque de France ne prêtait que sur lettre de change (gage si imparfaitement garanti), et que malgré l'insuffisance de ce gage, ses pertes se borneront en définitive à une somme qui sera couverte par le simple abandon du bénéfice d'un semestre des actionnaires, on en peut tirer cette consé-quence décisive, c'est que, même en 1848, la banque de France donnera encore des bénéfices à ses actionnaires.

Donc, elle n'a rien perdu, même dans une année de révolution.

Donc, il n'est pas nécessaire d'avoir une réserve destinée à couvrir des pertes qui n'ont jamais existé et qui ne peuvent pas exister. Donc l'encaisse est radica-lement inutile, à plus forte raison si la banque à l'avenir ne prêtait que sur lettre de change absolument garantie ou sur tout autre gage non moins solide.

Il est donc profondément ridicule d'avoir un encaisse de 100 millions qui pré-lève annuellement sur la circulation 15 millions au moins pour couvrir quoi? une perte annuelle de 100,000 fr. peut-être. Le seul bénéfice d'une année, acquis par la banque de France, serait plus que suffisant pour couvrir les pertes d'un siècle.

Ce ridicule a des conséquences graves, car, non seulement il établit un privi-lége onéreux en faveur de quelques personnes, mais il détourne inutilement, pour les enfouir dans des caves, des capitaux précieux qui enrichiraient l'agriculture et la manufacture, s'ils demeuraient en circulation.

L'inutilité de l'encaisse à titre de reserve est clairement démontrée, et si nous admettons un encaisse d'un dixième, encaisse que nous considérons comme un superflu inutile, c'est une concession que nous faisons aux préjugés.

Mais nous avons] la conviction que ce préjugé se dissipera, qu'avant peu d'an-nées on reconnaîtra l'inutilité de l'encaisse, et qu'on le supprimera totalement d'autant plus que la banque d'Etat assurerait de plus que la banque de France, une autre sécurité immense, LA GARANTIE DE LA FRANCE ENTIÈRE.

En effet, supposons, ce qui est impossible, que la banque d'Etat fasse une re-cette annuelle de cent millions, il faut donc, avant qu'elle entame son capital en cas de perte, qu'elle subisse un déficit de cent millions, ce qui est ridicule à sup-poser; mais perdît-elle davantage, que la France serait là pour couvrir le déficit, moyennant une part au budget.

La banque d'État serait donc plus solide que la banque de France, qui, si elle perdait, n'aurait point le budget pour la sauver, il lui faudrait faire banqueroute.

Quant à la troisième objection, elle ne mérite pas même qu'on la refute.

Pendant longtemps le préjugé de la nécessité, de l'échange à vue des billets de banque contre le numéraire a été soigneusement entretenu par les intéressés, chacun était persuadé que, sans cet échange, il n'y avait plus de circulation possible.

Mais la révolution de Février a donné un rude démenti à cette croyance; la banque de France a purement et simplement suspendu le remboursement en nu-méraire, et son papier n'a pas moins continué de circuler.

Ce n'est donc pas l'échange à vue qui donne la circulation au billet de banque, c'est la confiance.

Confiance qui ne peut provenir que de la garantie absolument certaine, que de la certitude où le peuple tout entier sera qu'un billet de banque est bien réelle-ment le signe représentatif d'une valeur supérieure.

Tel est à peu près le décret sur la réforme du crédit qui résulterait de l'avéne-ment du socialisme au pouvoir.

Les conséquences de cette réforme seraient immenses, les producteurs agri-coles et manufacturiers pouvant se procurer, moyennant trois pour cent, le ca-pital dont ils ont besoin, soit en empruntant sur le dépôt de leurs immeubles, soit en empruntant sur le dépôt de leurs produits, il en résulterait l'abolition de l'usure et un développement immense de la production.

D'un autre côté, l'intérêt de trois pour cent prélevé sur l'émission des billets de banque, par la banque d'État étant, tout entier, employé à dégrever les impôts, il en résulterait un avantage inconcevable pour la France entière et une refonte de budget.

La réforme du crédit seule, dont nous ne venons que d'indiquer les conséquences, suffirait donc glorifier la révolution pacifique. Mais cette réforme doit être accompagnée de bien d'autres que nous allons examiner.

RÉFORME DU COMMERCE.

AGENCES COMMUNALES.

La banque d'Etat doit donner le crédit au meuble, c'est-à-dire aux produits, aux marchandises aussi bien qu'à l'immeuble.

On conçoit que pour que la banque d'Etat puisse prêter au détenteur de produits, il faut de toute nécessité que ce détenteur donne ces produits pour garantie et pour gage.

Les produits ne peuvent être un gage certain, solide, suffisant pour couvrir la banque de ses avances, qu'à la condition d'être déposés dans des entrepôts, d'où ils ne pourront sortir qu'après le remboursement des sommes prêtées par la banque.

Les entrepôts nationaux n'avaient été créés après février que dans ce but.

A cette époque, une crise terrible avait arrêté toutes les transactions. Attribuant ce désastre à un effet momentané de la révolution de février, les gouvernants crurent que sa durée ne se prolongerait pas, et qu'après un mois ou deux d'attente les affaires reprendraient leur cours habituel.

Il ne s'agit donc pour eux que de faciliter ce passage aux commerçants.

On chercha dans ce but une combinaison qui permît de leur faire des avances, mais avec toute garantie et sécurité.

Cette garantie devait être la consignation réelle des produits déposés en gage ; on fit une sorte de mont-de-piété à l'usage des détenteurs de produits.

On ouvrit des entrepôts, et on invita les détenteurs de produits ayant besoin d'aide et de secours, à venir déposer leurs produits dans ces entrepôts.

Un jury d'expertise devait constater la valeur intrinsèque du produit déposé, et sur l'avis de ce jury, le comptoir national était censé pouvoir faire une avance de fonds remboursable à une échéance déterminée.

Sans doute si les affaires n'avaient éprouvé qu'un embarras de peu de durée; que cette modeste institution eût pu avoir quelque utilité.

Mais la commotion était trop profonde, et il devint impossible de donner secours aux détenteurs de produits. En effet, les dépositaires étaient tous réduits à la dernière détresse, ils étaient donc à peu près insolvables, le comptoir national, qui devait faire des avances sur la consignation des produits, n'avait d'autre garantie que ces produits eux-mêmes

Or, les produits n'ont de valeur qu'à la condition qu'il se présente des acheteurs, et comme, chacun s'en souvient, il ne se présentait aucun acheteur, les produits n'avaient donc aucune valeur.

Aussi dans la crainte de n'être pas couvert, le comptoir national refusa de faire des avances ou du moins, ne fit d'avances que sur certains produits privilégiés, les comptoirs et entrepôts nationaux créés depuis février ne remplirent pas le but qu'on avait espéré atteindre ; et pourtant sans s'en douter les fondateurs de cette institution avaient presque mis la main sur la réforme du commerce, et au lieu d'échouer par impuissance, non seulement ils auraient secouru les détenteurs de produits, mais encore ils auraient doté la France de la réforme la plus féconde en bons résultats.

Si l'on avait annexé a chacun de ces entrepots et comptoirs nationaux, une salle d'exposition ou bazar constamment ouvert au
public, ou on aurait opéré la vente au comptant des produits déposés, et si on avait mis en rapport entre eux les divers entrepots
de France, en leur permettant l'échange réciproque des produits
déposés.

Par ce simple, par ce très simple fait, on aurait transformé une création in-
forme et sans avenir en une institution féconde, puissante, dont les conséquences
étonnent la pensée.

En un mot, il fallait établir des entrepôts et comptoirs nationaux dans toutes
les villes, et les transformer en maisons de consignation, sous la surveillance générale de tous les citoyens.

Dans ces maisons de consignation, ouvertes à tous les producteurs, les produits
auraient été vendus pour le compte des consignataires, et aux conditions stipulées par eux-mêmes, moyennant une simple commission.

De telle sorte que tout protecteur pût expédier ses produits, même des points
les plus éloignés du globe, et être assuré de n'être jamais trompé, jamais volé, et
de les vendre directement au consommateur.

Cette idée de transformer le commerce en une espèce de magistrature assu-
rant à tous l'égalité et la justice, cette idée si féconde, si puissante, ainsi que
nous le verrons tout à l'heure, est si simple, que nous nous demandons comment
il peut se faire qu'on ait attendu jusqu'à ce jour pour la mettre en pratique.

Les socialistes ne doivent pas aujourd'hui se contenter de tendre un secours
éphémère et momentané, il faut qu'ils arrivent à la réforme du commerce. Voici
donc le décret qu'ils devraient promulguer :

DEUXIÈME DÉCRET.

FORMATION DES AGENCES COMMUNALES (1).

CHAPITRE PREMIER.

Art. 1ᵉʳ. Dans toutes les villes *de l'intérieur et de l'extérieur* il sera créé une
agence communale.

Cette création n'aura lieu que sur ordonnance du gouvernement.

Art 2. Cette agence communale se subdivisera :

1° En entrepôt ;

2° En comptoir ;

3° En magasin ou bazar.

Art. 3. Toutes les fois que cela sera nécessaire, eu égard à la localité ou à la po-
pulation, ces agences seront établies par catégories, telles que : agences des soie-
ries, des vins, des grains, des épiceries, des huiles, des lainages, des coton-
nades, etc., etc.

CHAPITRE II. — *De l'Entrepôt.*

Art. 4. L'entrepôt a pour but de recevoir toutes les marchandises qui y seront
déposées (sauf le cas de danger ou de conservation impossible), aux conditions
suivantes :

Chaque colis, paquet, fût ou pièce d'étoffe portera une étiquette et sera accompagné d'une déclaration signée par le dépositaire, portant l'une et l'autre :

1° Le nom du fabricant ou consignataire ;

2° Le nom de la ville où se fera la consignation ;

3° La désignation ou la qualité de la marchandise ;

---

(1) Les agences communale ne sont que la généralisation des warrants d'Angleterre.

4° Le poids ou la mesure ;

5° Le prix auquel le consignataire veut vendre.

Art. 5. Au moment où le dépositaire de produits opèrera ce dépôt, il déclarera si les produits déposés sont ou non déjà vendus.

S'ils le sont, il devra fournir la preuve de la vente en soumettant la commande au jury d'expertise.

Art. 6. Le gérant de l'entrepôt, assisté d'un jury d'expertise spécial pour chaque qualité de marchandise, s'assurera que le produit consigné est bien conforme à la déclaration ;

Et en cas de déclaration de la part du déposant d'une vente préalable, il s'assurera, en outre, si le produit est bien conforme à la commande.

Art. 7. Il en dressera un procès-verbal signé par lui et par les experts, lequel sera tiré en nombre égal au nombre des colis. Ce procès-verbal rapportera dans le plus grand détail la déclaration du dépositaire.

Si le produit déposé est déjà vendu, le dépositaire aura à fournir la preuve authentique du prix de vente ; ce prix, en cas de vente, sera porté au procès-verbal.

Dans le cas, au contraire, où le produit ne serait pas vendu, les experts, après avoir consigné sur le procès-verbal le prix marqué par le dépositaire, estimeront la valeur intrinsèque du produit déposé, et ils inséreront également dans ce procès-verbal le chiffre de leur estimation.

Une copie du procès-verbal, signée par les experts, sera remise au dépositaire.

Art. 8. Suivant l'ordre du consignataire, le gérant de l'entrepôt sera chargé, soit de déposer la marchandise au bazar de l'entrepôt lui-même où aura été faite la consignation, soit de l'expédier aux agences communales correspondantes, toutefois en faisant accompagner chaque colis d'une copie du procès-verbal d'expertise.

Art. 9. Dans le cas où le consignataire le demandera, le gérant de l'entrepôt prélèvera des échantillons des produits déposés, lesquels seront expédiés aux agences communales correspondantes, en joignant à chaque échantillon une copie du procès-verbal d'expertise.

Chapitre III. *Du Comptoir.*

Art. 10. Le gérant du comptoir donnera à tout consignataire, en échange du procès-verbal portant l'estimation du jury d'expertise, *un récépissé* dans lequel se trouvera la déclaration que le consignataire a faite en déposant la marchandise, ainsi que le montant estimé par les experts ; ce récépissé sera signé par le directeur en chef, et portera le nom des experts, conformément au modèle snivant :

(1506.)

Paris, le 15 septembre, 1848.   MONTANT DE L'EXPERTISE 1,000 FR.

Le sieur PAUL, *fabricant de châles, rue Saint-Pierre, a consigné ce jour* VINGT-CINQ CHALES *en laine et soie, marqués en total* QUINZE CENTS FRANCS. *Les experts les admettent pour le chiffre de* MILLE FRANCS.————————

Signé : *Les Experts des Châles,*

JACOB.	AGENCE	LOUIS.
LÉON.	DES CHALES	Signé : *Le Directeur de l'Agence communale,*
JOSEPH.	DE PARIS.	ROBERT.
	—	
	(1506.)	

Art. 11. Le présent récépissé sera librement transmissible par voie d'endossement, conformément au montant de l'estimation du jury d'expertise.

Art. 12. Lorsque la marchandise, sur le dépôt de laquelle il aura été délivré un récépissé, aura été vendue et le montant encaissé, le gérant du comptoir n'opérera le remboursement au consignataire qu'après la réintégration du récépissé.

Art. 13. Toutefois, dans le cas où le récépissé ne pourrait être immédiatement réintégré, le gérant du comptoir ne paiera au consignataire que la différence entre le prix de vente de la marchandise consignée et le montant d'estimation fixé par le jury d'expertise.

Dans ce cas, la somme retenue, c'est-à-dire le montant du récépissé, sera payée au porteur aussitôt que le récépissé sera présenté.

Art. 14. En cas de non-réintégration du récépissé par le consignataire, le gérant du comptoir donnera la plus grande publicité, soit par voie d'affiches, soit par voie de journaux, aux numéros des récépissés qui peuvent être présentés au remboursement.

Art. 15. Le gérant du comptoir ouvrira un compte particulier à chaque consignataire, à l'avoir duquel seront portés :

1° Le montant des marchandises déposées conformément à l'estimation des experts ;

2° Les sommes reçues lors de la vente des produits consignés.

Le débit se composera :

1° Des frais de soins et d'entretien réel que nécessitera la conservation des marchandises consignées ;

2° De la remise du récépissé, suivant le montant du jury d'expertise ;

3° Des sommes qui auront été payées, soit au consignataire lui-même, soit au porteur du récépissé.

Art. 16. Il fera les encaissements provenant de la vente des marchandises consignées pour le compte des consignataires.

Art. 17. Chaque comptoir aura pour fonction d'entrer en correspondance avec toutes les autres agences communales ; il leur indiquera régulièrement, par circulaires, quelles sont les existences de marchandises en entrepôt, et quels sont les besoins qu'il pourrait avoir de toute autre espèce de marchandises.

Art. 18. Il réglera les comptes ouverts avec toutes les autres agences correspondantes.

Art. 19. Le gérant du comptoir donnera la plus grande publicité, par voie d'affiches et de journaux, à toutes les opérations de l'agence communale et à tous les renseignements qui pourront être utiles à la circulation des produits et à la fabrication, ainsi qu'aux besoins et aux existences des marchandises dans les agences communales, afin de mettre par ce moyen le producteur dans le cas d'équilibrer sa production sur la consommation et sur les besoins.

CHAPITRE IV. — *Du Magasin ou Bazar.*

Art. 20. Le magasin ou bazar sera constamment ouvert au public ; une exposition permanente, avec affichage des procès-verbaux, y sera faite des marchandises ou échantillons.

Art. 21. Le gérant du bazar et les employés sous ses ordres auront soin de disposer ces marchandises ou échantillons de la manière la plus convenable pour que le public puisse facilement connaître toutes les existences. Cette exposition sera faite sans aucune partialité.

Art. 22. Les marchandises seront toujours vendues *sous corde*. On ne pourra détailler les fûts, colis ou paquets déposés par les consignataires. Tout acheteur, en prenant livraison, sera tenu de signer sur un registre qu'il a pris connaissance du procès-verbal.

Art. 23. Le gérant et ses employés seront chargés de l'entretien et du soin des produits mis en vente; les frais qui en résulteront seront au compte du consignataire.

Art. 24. Toutes les ventes, sans exception, seront opérées au comptant.

Art. 25. Toutes les ventes seront opérées au prix marqué par le consignataire, en y ajoutant :

1º Les frais de transport ;

2º Les frais de commission.

Ces frais de commission seront destinés :

1º A couvrir les frais des agences communales ;

2º A procurer à l'Etat une recette ou impôt frappant les produits à leur entrée en consommation (1).

Le chiffre de la commission sera donc promulgué par le gouvernement.

Art. 26. Le chiffre de commission sera classé suivant la nature des produits : en brut, matière première, produits manufacturés, produits de luxe ou de première nécessité.

Art. 27. Le taux de cette commission devra être le même dans toutes les agences communales.

Art. 28. Le taux des commissions à percevoir par l'agence sera fixé et publié de six mois en six mois.

Les conséquences de ce décret sont prodigieuses. Nous ne pouvons que les indiquer ici très-sommairement par deux exemples pris dans la manufacture et l'agriculture.

Prenons pour exemple, dans la manufacture, un fabricant de draps (2).

André, fabricant de draps, à Louviers, a dix pièces de drap à vendre; il met sur chacune d'elles une étiquette portant.

Son nom,

Le nom de la ville où se trouve la manufacture,

La désignation de la qualité du drap,

Son aunage en largeur et en longueur,

Et enfin le prix auquel il veut le vendre.

Il apporte ses dix pièces de drap à l'entrepôt de Louviers, les experts de drap de l'agence de Louviers examinent si ce drap est bien conforme à l'échantillon; s'il l'est, ils le reçoivent à l'entrepôt; dans ce cas ils en estiment la valeur et en donnent à André un récépissé sur le dépôt duquel ce fabricant obtient immédiatement à la banque d'Etat une avance conforme à l'estimation des experts.

La direction de l'entrepôt de l'agence communale de Louviers prélève des échantillons de chaque pièce de drap, et elle expédie ces échantillons aux agences de l'intérieur ou de l'étranger où peut se trouver la consommation.

Chaque échantillon est accompagné d'une copie du procès-verbal, et toutes les agences qui en reçoivent annoncent leur arrivée dans leurs journaux et les exposent dans les bazars.

De telle sorte que tous les consommateurs ayant sous les yeux des échantillons, de produits expertisés, peuvent acheter sans crainte d'être trompés, et ils achètent à prix de fabrique, puisque André le fabricant a mis son nom et son prix sur les pièces de drap.

Cet exemple peut servir pour tous les produits quels qu'ils soient. Ce qui se passe pour le drap se passerait pour toute autre marchandise.

D'un autre côté, les avantages qui résulteraient de ce mode commercial seraient

---

(1) Cet intérêt et cette commission donneraient à l'Etat une recette qu'il n'est pas possible d'évaluer à moins de 400 à 500 millions par an, ce qui permettrait de dégrever tous les impôts qui pèsent sur les classes laborieuses.

(2) Voir pour de plus amples détails notre travail sur la *Réforme du Crédit et du Commerce.*

les mêmes pour un fabricant qui ne déposerait qu'une seule pièce, comme pour celui qui en déposerait dix, vingt ou cent.

Prenons le second exemple dans l'agriculture : Paul, producteur de vins à Saint Émilion près Bordeaux, a dans ses caves dix pièces de vin de 1846, il met sur chaque futaille :

Son nom,
Le nom du crû,
L'année de la récolte.
Le contenu de la futaille,
Le prix auquel il veut vendre.
Il amène ses dix fûts de vin à l'agence communale de Saint-Émilion.

Les experts de vins constatent si le vin est bien conforme à la déclaration; dans ce cas, ils en dressent un procès-verbal, ils font une estimation de la valeur du vin et en donnent à Paul un récépissé, sur le dépôt duquel. la banque lui fait une avance conformément à l'estimation, avance qui permet à Paul d'attendre le moment favorable de la vente.

Les employés de l'entrepôt prélèvent des échantillons du vin déposé, ils y joignent une copie du procès-verbal, et ils expédient ces échantillons aux agences correspondantes de New-York, Londres, Saint-Pétersbourg, Paris, etc.

Ces agences exposent ces échantillons et ces procès-verbaux dans leurs bazars, de telle sorte que tout consommateur de ces villes, sans se déranger, peut acheter du vin à prix de propriétaire, avec toute certitude de n'être trompé ni sur le prix, ni sur la qualité, ni sur le crû.

Ce qui se passe ici pour le vin, se passerait de la même manière pour toute autre denrée; on conçoit en outre que les agences de l'étranger, de l'Amérique par exemple, pourraient envoyer en retour et de la même manière les produits de leur contrée, ce qui établirait l'échange directe tant rêvée par nos économistes.

Les avantages de ce mode commercial sont si évidents pour tous les producteurs et les consommateurs, qu'en peu de temps tous les produits seraient déposés aux agences communales.

Il en résulterait donc une réforme complète de la fonction commerciale, dont voici les conséquences (1) :

1° Inutilité du capital dans la banque et le commerce, et son retour à l'agriculture et à la manufacture ;

2° Tous les produits vendus à prix de fabrique , puisque tout producteur marquera ce prix sur les produits qu'il déposera ;

3° Suppression de l'agiotage ;

4° Suppression de l'usure , puisque tout emprunteur trouvera le crédit à la la banque d'État à 3 p. 0[0 ;

5° Abolition de la spéculation et des accaparements, puisque les agences communales publieront chaque jour les besoins et les existences de produits, puisque les prix seront marqués sur les produits ;

6° Abolition de la fraude, de la falsification, puisque tout produit sera expertisé et portera le nom de producteur ;

7° Abolition de la faillite, tout produit étant vendu au comptant ;

8° Plus de laissé pour compte, plus de rabais injustes ;

9° Plus de procès de commerce ;

10° Garantie du droit des inventeurs ;

11° Suppression de la concurrence anarchique remplacée par la concurrence émulative;

12° Supériorité de l'industrie française sur l'industrie étrangère ;

---

(1) Voir la Réforme du Crédit et du commerce pour l'examen de ces conséquences.

13° Abolition des chômages par suite de l'augmentation de la consommation et de la production.

14° Hausse des salaires par manque de bras;

15° Diminution immense de prix des produits.

Telles sont les conséquences qui résultent directement, immédiatement, de ces deux réformes.

L'ensemble de ces réformes constitue bien réellement une révolution, il est évident que les socialistes doivent considérer comme une grande victoire la réalisation de ces réformes seules; victoire si grande que M. Proudhon, s'arrêtant à moitié chemin, la considère comme le dernier mot du socialisme, ce qui n'est pas.

Il est évident que puisque toutes les écoles sont d'accord sur ces principes, elles doivent marcher comme un seul homme à leur application, et ne point entrer en lutte parce qu'il est un autre point sur lequel elles ne sont pas absolument d'accord.

Il faut donc mettre en pratique les réformes sur lesquelles on est unanime, et mettre à l'étude les questions plus difficiles et moins pressantes.

Mais il ne suffit pas d'avoir la force, il faut un levier.

Pour réaliser la réforme du crédit et du commerce et dans toutes les communes de France, il faut avoir partout des organes prêts à réaliser la mise en pratique. La création de ces organes doit être le sujet d'un troisième décret.

TROISIÈME DÉCRET.

CONSEILS DE LA PRODUCTION,

C'est-à-dire de l'agriculture et de la manufacture.

Il ne suffirait pas qu'un gouvernement socialiste, arrivant aux affaires, promulguât des décrets sur le crédit et le commerce, car s'il se contentait de cette œuvre, il n'aurait accompli qu'une lettre morte, s'il ne créait pas en même temps le mecanisme chargé de réaliser la banque d'Etat et les agences communales sur toute la surface de la France.

Il faut que ce mécanisme soit le plus sur et le plus intelligent, le plus actif et le plus probe; il faut qu'il remplisse ces conditions partout à la fois avec la même perfection.

On conçoit que si, suivant les errements de l'administration actuelle, il fallait confier l'opération délicate de la création des comptoirs de banque multipliés et des agences communales, à des fonctionnaires publics, le plus grand nombre parmi eux n'auraient ni le zèle, ni le talent, ni la confiance publique, de telle sorte que de nombreux comptoirs, de nombreuses agences communales souffriraient dans leur développement.

Il faut donc créer de toutes pièces un nouveau mécanisme d'organisation.

En conséquence, puisque la banque d'Etat et les agences communales sont des institutions à créer dans l'intérêt de tous; quoi de plus naturel que de confier à tous un établissement qui ne sera bien fondé, et une fois fondé, bien géré et bien surveillé que par les intéressés eux-mêmes.

Un gouvernement socialiste doit donc le jour même de son arrivée aux affaires décréter la création d'un CONSEIL MOITIÉ AGRICOLE, MOITIÉ MANUFACTURIER DANS TOUS LES ARRONDISSEMENTS DE FRANCE.

Ces conseils choisis à l'élection par le suffrage universel seront certainement composés de tout ce qu'il y a de plus intelligent et de plus probe en France; de telle sorte que le gouvernement trouvera par ce moyen ce qui lui a manqué jusqu'à ce jour, une représentation réelle de tous les besoins industriels du pays.

Cette institution est digne d'une république où le gouvernement de tous se fait

par tous ; la monarchie redoutait cette institution, parce que , basée sur le privi-
lége, elle savait bien que les conseils de l'agriculture et de la manufacture, promptement unanimes à réprouver les priviléges, auraient exercé une pression immense et irrésistible ; la monarchie, obligée de diviser pour régner, ne put donc
faire appel aux lumières du pays.

C'est pourquoi les gouvernements monarchiques, n'étant jamais avertis des besoins des populations, n'étant jamais sollicités de réaliser des réformes qui eus-
sent pu les sauver, n'ont jamais fait ce qu'il eût fallu faire, et n'ont jamais été
avertis des réformes à accomplir, que pressés par les révolutions, c'est-à-dire
lorsqu'il n'était plus temps.

Nous croyons donc qu'un des décrets les plus importants à renpre serait ce-
lui-ci :

CONSEILS DE LA PRODUCTION

OU

CHAMBRES INDUSTRIELLES ET AGRICOLES.

PROJET DE DÉCRET.

Art. 1er. Dans tous les arrondissements de France, il sera fait une élection d'une
chambre consultative de l'agriculture et de la manufacture.

Art. 2. Chaque chambre sera composée de vingt membres, dont dix agriculteurs
et dix manufacturiers.

Art. 3. L'élection sera faite par le suffrage universel.

Art. 4. Les chambres agricoles et manufacturières auront pour but de faciliter
au gouvernement la mise en pratique de la banque d'Etat et des agences communales.

Art. 5. Lorsque la banque d'Etat et les agences communales seront instituées,
les chambres consultatives exerceront une surveillance permanente sur les opérations des comptoirs de banque et des agences communales de leur ressort.

Art. 6. Les chambres manufacturières et agricoles auront à étudier tous les
travaux et projets qui leur seront soumis par le gouvernement.

Art. 7. Elles seront en outre chargées en tout temps de formuler les vœux et
les besoins des populations et de proposer à l'administration les réformes qui
pourraient améliorer le sort du peuple.

Art. 8. Toutes les fois qu'elles en seront requises par le gouvernement, les
chambres consultatives délégueront auprès de lui un de leurs membres.

Art. 9. Les chambres de la manufacture et de l'agriculture seront chargées de
surveiller toutes les associations agricoles et manufacturières d'ouvriers seuls, et
de capitalistes et ouvriers, et de se faire rendre compte de leur marche, de leur
organisation et des résultats annuels.

Chaque année un rapport spécial sur ce sujet sera fait au ministre compétent.

Art. 10. Les chambres consultatives seront encore chargées de faciliter l'organisation des assurances générales, des caisses de retraite et de secours, en un
mot, de toutes les institutions démocratiques et sociales qui pourront être fondées.

Art. 10. Les lois et réglements qui concernent les chambres du commerce, con-
tinueront d'être en vigueur.

Art. 11. La fonction de membre des conseils de la production étant un grand
honneur civique, sera gratuite.

QUATRIÈME DÉCRÈT.

ASSUARNCES GÉNÉRALES.

Article unique. Le citoyen ministre des finances devra présenter à l'assemblée nationale, dans le délai d'un mois, un projet de loi sur l'institution des assurances générales de tous les Français, contre toute espèce de risques.

CINQUIÈME DÉCRET.

CAISSES DE RETRAITES ET DE SECOURS

Article unique. Le citoyen ministre des finances devra présenter à l'assemblée nationale, dans le délai d'un mois, un projet de loi sur l'institution des caisses de retraite et de secours en faveur de tous les Français.

Si l'on joint à ces divers décrets d'autres décrets, tels que la loi sur le recrutement, l'abolition de l'octroi par l'association des villes avec les débitants de pain, de vin et de viande, la réforme judiciaire, etc., on aura bien réellement constitué une révolution radicale et complète, assez puissante pour améliorer profondément le sort des travailleurs, pour les appeler rapidement au bien-être et à la propriété.

C'est donc avec juste raison que nous soutenons que les socialistes de toutes les écoles, qui sont unanimes sur toutes les réformes qui précèdent, doivent à la France, doivent à eux-mêmes de réserver la question qui les sépare, pour s'occuper plus particulièrement des questions sur lesquelles ils sont d'accord.

Ils auront assez à faire, sans se lancer dans des luttes et des discussions qui ne pourront, d'ailleurs, aboutir que lorsque une expérimentation rigoureuse, complète, aura été faite sur les meilleurs modes d'association dans l'atelier et dans le ménage.

Que la leçon de février nous serve à jamais d'exemple et nous serve à nous empêcher de retomber dans les mêmes fautes.

On ne doit procéder aux réformes qu'avec le respect le plus absolu de la liberté; avec la réforme du crédit, point de cours forcé; avec la réforme du commerce, point de lois attentatoires à la liberté du commerce.

Liberté, liberté absolue, pleine et entière, car si ces institutions sont bonnes, elles auront bientôt attiré toutes les populations; si elles sont mauvaises, rien ne pourra les faire adopter; souvenons-nous bien que le Français a un instinct de liberté qui le fait résister à toute contrainte.

Nous devons donc laisser le commerce actuel tel qu'il est, sans y toucher, nous ne devons procéder que par voie de concurrence loyale.

Que tout producteur soit libre de vendre à qui bon lui semble, que tout consommateur puisse acheter quand et comme il lui plaît.

Que tout capitaliste puisse chercher à son gré un emprunteur, que tout emprunteur puisse à son choix emprunter à la banque d'État ou aux particuliers.

A ce prix, les réformes ne rencontreront point d'obstacles; à ce prix seul, le socialisme évitera la réaction et prouvera que, loin d'être destructeur, il est essentiellement organisateur, et surtout qu'il est l'ennemi de l'arbitraire.

Nous devons un grand exemple au vieux monde, il nous a accusés de violence, d'impatience, il nous accuse de ne rien proposer de praticable; nous devons lui prouver que nous savons respecter tous les droits, que nous sommes ennemis de la contrainte, et que nous ne comptons que sur l'évidence des bienfaits des réformes que nous proposons.

RÉFORME DE LA PRODUCTION.

DE L'ASSOCIATION.

Quels que soient les avantages que le travailleur obtiendrait de la réforme du crédit et du commerce la question définitive ne serait pas résolue.

En effet, nous avons dit que la réforme de la circulation, c'est-à-dire du crédit et du commerce, quoique destinée à donner pendant longtemps un prodigieux essor à la production, ne changerait pas les mœurs, les habitudes, les relations entre les hommes ; ainsi l'isolement de l'individu se perpétuerait, la lutte et l'antagonisme continueraient d'exister, le capital et le travail, séparés l'un de l'autre, conserveraient des intérêts distincts et bientôt opposés.

La production grandissant par les réformes, enrichirait, il est vrai, au premier moment les ouvriers et capitalistes, mais bientôt, le nombre des producteurs s'accroissant sans limites, comme par le passé, la production dépasserait la consommation ; on verrait recommencer la concurrence acharnée.

Cette concurrence s'établirait de nouveau aux dépens des salaires du travail, et ces salaires baisseraient dans la proportion de la baisse du prix des produits.

Finalement, dans un délai plus ou moins rapproché, la misère recommencerait à sévir, les haines renaîtraient, et les convulsions révolutionnaires viendraient encore affliger notre pays.

Le remède à ce mal futur et certain, C'EST L'ASSOCIATION.

Mais l'association n'est encore qu'à l'état de théorie, les conditions pratiques de son application ne sont pas bien connues ; une grande incohérence, une grande division règnent dans les esprits.

Cette division, qui existe aussi bien entre les écoles socialistes qu'entre les individus, est une preuve flagrante et incontestable que la lumière n'est pas faite.

Un gouvernement socialiste devrait donc agir avec une extrême réserve, car si les réformes du crédit et du commerce sont faciles à réaliser, c'est parce que le capital y est inutile, par conséquent la réforme peut s'opérer sans avoir à s'occuper des droits respectifs et réciproques du capital et du travail.

Mais la production ne peut s'accomplir sans capital ; pour produire, il faut des instruments de travail, des terres, des usines, des machines, des matières premières ; on ne peut donc réformer la production sans tenir compte des intérêts ombrageux du capital et du travail.

S'il ne fallait point de capital, la question serait facilement jugée, les associations d'ouvriers n'auraient qu'à s'établir sur toute la surface de la France, et elles pourrraient laisser de côté les capitalistes.

Malheureusement, les associations d'ouvriers fondées jusqu'à ce jour n'ont pu que trop reconnaître que la production ne pouvait se passer de capital.

Or, puisqu'il faut du capital, il faut bien s'en procurer ; pour cela, il n'y a que trois moyens, ou le prendre par force à ceux qui le possèdent, ou bien en créer un nouveau en laissant de côté l'ancien capital et les capitalistes, ou bien l'obtenir des capitalistes par un contrat de gré à gré.

Le prendre par force, dépouiller ceux qui possèdent pour les plonger subitement dans la misère, est une pensée que les privilégiés de l'agiotage et de l'accaparement ont gratuitement prêtée aux socialistes pour épouvanter les esprits timides ; cette calomnie a été suffisamment démentie par le peuple toutes les fois qu'il a eu la puissance, jamais il n'y a eu moins d'attentats contre les propriétés ou contre les personnes, que lorsque le peuple était maître de la situation

Puisque les travailleurs ne veulent pas prendre le capital par la force, ils seront donc obligés de le créer de toutes pièces, c'est-à-dire de l'obtenir par des économies journalières sur leurs salaires, ce qui suppose deux choses :

1° Que les salaires sont assez élevés pour permettre des écon*mies ;

2° Qu'il n'y a jamais de chômage, et que les ouvriers sont assurés d'un travail assez régulier, pour leur permettre de compter sur des économies.

S'il existe quelques professions privilégiées où les salaires soient assez élevés pour permettre des économies, et où le travail soit si régulier qu'il n'y ait jamais de chômage, qui ne sait que c'est un cas bien rare, et que la masse immense des travailleurs français ne gagne pas assez chaque jour pour vivre ? Il leur devient donc impossible de constituer un nouveau capital, ou du moins ils ne le pourraient qu'en escomptant leur vie ; chaque parcelle de ce nouveau capital serait le prix de l'existence d'un homme : l'idée de la constitution d'un capital nouveau est inadmissible.

RESTE DONC LE CONTRAT DE GRÉ A GRÉ.

Ce mode seul permettrait d'unir toutes les forces dans un intérêt commun ; patrons et ouvriers mettant fin à leurs divisions, à leurs haines, apporteraient à l'œuvre commune leurs capitaux, leurs forces et leur intelligence ; tous les efforts convergeant au même but, tous travaillant au bien commun, il est visible que cette solution serait plus prompte, plus facile à réaliser que l'autre, en ce qu'elle soulèverait moins d'obstacles, qu'elle exciterait moins de haines, qu'elle froisserait moins d'intérêts.

Par conséquent, une conciliation, donnât-elle aux travailleurs des avantages moins absolus, doit être préférée, car l'avantage absolu coûterait trop cher s'il ne pouvait être obtenu qu'au prix d'une lutte terrible.

D'ailleurs, quel que soit le mode d'association que l'avenir nous garde, il est des conditions indispensables à observer dont on ne s'est pas assez préoccupé dans les tentatives faites jusqu'à ce jour,

Il est évident qu'un gouvernement placé en face de théories d'association encore incomplètes, doit tendre à opérer la conciliation entre les intérêts rivaux du capital et du travail, par une transaction avantageuse aux deux parties.

Une transaction serait impossible s'il était vrai qu'il n'y a pas moyen de faire une part au capital sans dépouiller le travailleur ; il est certain que l'association pratiquée comme elle l'a été jusqu'à ce jour ne permet pas de concevoir qu'il soit possible de donner une part soit au capital, soit au travail, sans que l'un ou l'autre en pâtisse.

Mais, nous ne craignons pas de le dire, tous les essais d'association opérés jusqu'à ce jour sont erronnés, pas un seul n'est basé sur de saines idées économiques, il n'y a de changé que le nom ; les associations faites jusqu'à ce jour sont plutôt des machines de guerre que des réformes économiques. Il y a une toute autre marche à suivre si l'on veut réussir.

L'industrie aujourd'hui est mal organisée, elle est exercée par un nombre infini de maisons de fabrique, et chacune de ces maisons a une gérance dont il faut chèrement payer les services ; ces gérances, presque toujours mal habiles, amènent des pertes immenses qui surchargent le prix des produits.

Chaque maison est obligée d'avoir de nombreux employés, de payer des loyers, des patentes, des frais de représentation immense.

Chacune de ces maisons paie des sommes énormes au capital, en commandites intérêt fixe, escompte, etc.

Chacune d'elles ne pouvant produire qu'en petite échelle, ne peut réaliser toutes les économies possibles, soit dans la partie commerciale, soit dans l'organisation des moyens économiques de production.

Toutes ces petites maisons de fabrique se livrent entre elles à la concurrence la plus acharnée et amènent ainsi l'avilissement des salaires.

Trop faibles pour se mettre directement en rapport avec le producteur de matières premières et le consommateur, elles sont forcées de passer par les mains des intermédiaires qui intéressés au secret, dissimulent les besoins, ce qui oblige les fabricants à produire sans savoir s'ils écouleront. De là les encombrements périodiques, le chômage et la misère.

Finalement, tous ces fabricants s'épuisent en efforts de tous genres, et le plus grand nombre arrive à la ruine après avoir passé sa vie au travail.

Le problème ne consiste donc point à mieux repartir les bénéfices de l'industrie, ainsi que l'ont cru beaucoup de socialistes. Cette meilleure répartition de bénéfices qui n'existent pas ne produirait aucun avantage pour les travailleurs.

Le problème, le voici dans toute son étendue : *organiser la production de telle sorte qu'on obtienne un immense économie sur les frais actuels;* économie qui, attribuée au travail, changerait du tout au tout le sort des travailleurs et permettrait de conserver et d'assurer au capital un bénéfice qu'il obtient si rarement aujourd'hui par le système actuel.

Or il est visible que les microscopiques associations d'ouvriers ne résolvent pas ce problème; elles maintiennent le même nombre de gérants; ces gérants ne sont pas plus habiles; il y a les mêmes frais de loyers, d'impôts; il faut le même nombre d'employés. Ces associations n'ont pas une connaissance plus exacte des existences et des besoins; sans capitaux, elles ne peuvent travailler en grande échelle, et enfin, en attendant qu'elles se livrent entre elles à la concurrence effrénée, elles sont soumises aujourd'hui à tous les vicesde l'ancienne organisation.

Aussi le plus grand nombre a échoué complétement, et le reste, sauf deux ou trois exceptions, marche très-péniblement.

Voici les conditions qu'il faut remplir, si l'on veut que l'association donne les économies que la théorie indique.

Il faut remplacer toutes les gérances actuelles par une gérance unique choisie à l'élection.

Il est évident que cette gérance unique sera plus habile, car les intéressés, nommant le gérant à l'élection, auront bien soin de choisir le plus digne.

Il faut remplacer la multiplicité des maisons, ateliers, comptoirs, par une seule maison, un seul atelier, un seul comptoir.

Chaque maison aujourd'hui a des capitaux insuffisants. Il faut réunir tous ces capitaux trop faibles pris séparément pour en former un seul faisceau (1) puissant, immense et suffisant pour permettre de marcher sans entrave et avec les moyens les plus perfectionnés.

L'association n'a point d'autre marche à suivre; ce mode seul peut permettre la reforme économique de la production. En effet, la réunion de toutes les petites maisons en une seule permet la division du travail dans la gérance, ce qui est la cause la plus énergique de succès.

Ainsi un seul directeur en chef donnera l'unité, mais sous ses ordres arriveront des sous chefs expérimentés, qui dirigeront chacun la branche spéciale du travail pour laquelle il est le plus capable. L'un sera chargé spécialement de la comptabilité; l'autre, de l'achat des matières premières; un troisième, de la vente des produits; un quatrième, d'une partie de la fabrication; un cinquième, d'une autre partie et ainsi de suite.

Il est évident que chaque opération faite par l'homme le plus capable sera parfaitement accomplie.

Cette unité permettant de connaître les existences, les besoins, les débouchés, amènera l'équilibre de la production sur la consommation; partant, plus de chômages.

La masse des capitaux permettra de construire un atelier unique, dans lequel se trouveront les machines les plus perfectionnées, il en résultera encore des économies immenses.

En outre, on ponrra toujours acheter les matières premières aux conditions les plus favorables, et vendre les produits manufacturés au momentile plsn opportun.

______

(1) Le faisceau de capitaux s'opèrerait par l'association par actions.

Il est clair qu'une association basée sur ces principes donnera d'incroyables économies qui se trouveront être des bénéfices. On conçoit donc que ces immenses bénéfices pourront amener le maintien des bénéfices actuels des fabricants, pourront les accroître même, tout en donnant une situation inespérée aux ouvriers.

Que chacun de nos lecteurs interroge la profession à laquelle il appartient, qu'il fasse le calcul que nous venons d'indiquer, qu'il suppute les frais de l'organisation actuelle, qu'il se rende compte des résultats obtenus par l'association unitaire que nous indiquons, et il verra qu'il n'y a presque pas d'industries où on ne puisse, par la pensée, arriver aux plus étonnants résultats.

C'est donc en toute conscience que nous soutenons que les tentatives faites jusqu'à ce jour sont tout-à-fait hors de vrais principes.

Nous l'avançons hardiment sans crainte d'être démenti, tonte application de l'association à une industrie, qui ne se conformera pas aux principes que nous venons d'énumérer, échouera fatalement.

Nous persistons à dire, contrairement au préjugé général, QUE LA RÉFORME DE LA PRODUCTION N'EST POINT UNE QUESTION DE MEILLEURE RÉPARTITION, MAIS BIEN UNE QUESTION DE NOUVELLE ORGANISATION.

Conformément aux principes que nous venons d'émettre et qui sont chez nous le résultat d'une étude incessante de la question industrielle, nous croyons qu'un gouvernement socialiste pénétré de cette opinion, que la réforme de la production doit être conciliatrice et, faite librement et volontairement, devrait rendre le décret suivant :

SIXIÈME DÉCRET.

ESSAIS D'ASSOCIATION.

Art. 1. Une somme de..... sera affectée à des essais d'association.

Art. 2. Ces essais devront être peu nombreux, afin qu'ils puissent réunir toutes les conditions de succès possible de capital, de direction et de surveillance.

Ces essais pourront être réduits à deux, l'un pour l'agriculture, l'autre pour la manufacture.

Art. 3. Un essai d'association pour l'agriculture sera fait immédiatement dans les environs de Paris sur un des terrains de l'Etat.

Art. 4. Le citoyen ministre de l'agriculture devra donner à l'Assemblée nationale dans le délai d'un mois, un pro et d'association agricole.

Art. 5. Il sera fait également un essai d'association dans la manufacture, cet essai sera fait à Paris.

Art. 6. Le citoyen ministre de l'agriculture et du commerce devra présenter à l'assemblée nationale dans le délai d'un mois un projet d'association dans la manufacture.

Art. 7. La plus grande publicité devra être donnée à tous les travaux de ces divérses associations.

Art. 8. En cas de succès de ces deux essais d'association, le gouvernement devra s'attacher à propager, à vulgariser, à encourager par tous ls moyens en son pouvoir l'application générale de l'association, tout en respectant la liberté individuelle. L'association ne devant se généraliser que par imitation.

Il est très-évident que le gouvernement, en faisant opérer ces deux essais, ne se proposera pas d'autre but que de démontrer au peuple français, ouvriers et capitalistes, que la réforme de la production par l'association produit des économies infinies, lesquelles économies doivent être destinéesà permettre les transactions et la conciliation entre le capital et le travail.

Il est impossible dans l'état d'incertitude qui existe aujonrd'hui sur les moyens pratiques de l'association qu'un gouvernement puisse agir autrement que par voie expérimentale.

La bourgeoisie a donc à gagner à la réforme de la production, aussi bien qu'à la réforme du crédit et du commerce.

Elle ne gagnerait pas moins à la réforme de la consommation. Car il est bien évident que les ouvriers n'ont pas les capitaux nécessaires pour créer les cités ouvrières, ou ménages sociétaires ; les capitaux devront donc être fournis par les capitalistes, par la bourgeoisie.

Or, les travailleurs trouvant le bien-être par toutes les réformes, ne contesteraient pas le paiement d'un loyer pour leurs logements, et ce loyer serait le placement le plus sûr, le plus avantageux qu'un capitaliste puisse rêver.

D'un autre côté, il est bien clair que la richesse générale développera l'esprit d'entreprise.

Que la bourgeoisie le sache bien, pendant de longues années encore le capital sera productif ; il y a de la place dans la production pour tout le capital imaginable, canaux, chemins de fer, reboisements, colonies agricoles à l'intérieur, et, dans les colonies, développement de l'agriculture et de la manufacture, partout on trouvera une issue fructueuse pour utiliser le capital.

Certes, on ne peut se le dissimuler, du moment que le capital deviendra utile à tous, personne ne contestera la part à laquelle il à droit, et cette part sera plus assurée que les bénéfices jeux de bourse et de l'agiotage.

Il est même certain que l'État interviendra pour régulariser et garantir l'emploi des capitaux aux grands travaux d'utilité publique ; l'Etat deviendra intermédiaire entre les capitalistes et les communes, les cantons et les provinces, lorsqu'elles voudront créer des collèges, des ponts, des établissements d'utilité publique ou d'agréments.

Tout le monde a évidemment à gagner à l'avénement du socialisme. Que tardons-nous donc à signer la paix, et à réaliser sincèrement la liberté, l'égalité et la fraternité.

REFORME DE LA CONSOMMATION.

MENAGE SOCIÉTAIRE.

La réforme du crédit et du commerce, et la réforme de la production par l'association dans l'atelier, ne sont point encore le dernier terme du progrès ; il existe une autre source féconde de bien-être et de richesse pour le travailleur.

C'est la réforme de la consommation par l'association.

Cette réforme rencontre de grandes sympathies, car de toutes parts on opère des tentatives, très-incomplètes, il est vrai, mais qui dénotent que cette réforme est nécessaire, et surtout qu'elle est facilement réalisable.

Tels sont les lodging-houses en Angleterre, et les cités ouvrières à Paris.

Cette institution a d'abord mal été accueillie, à son début, par ceux-là même en faveur de qui on voulait la fonder ; on craignait que la liberté ne fût restreinte ; les ennemis de toutes réformes insinuaient même que la morale aurait à souffrir.

Ces préventions n'ont aucune raison d'être ; l'association dans le ménage n'est nullement hostile à la liberté. C'est donc à tort qu'on a comparé le ménage sociétaire, tantôt à une caserne ou régnerait la discipline militaire, tantôt à un couvent avec la régularité et la monotonie monastique ; rien, dans le ménage sociétaire, ne ressemble à la contrainte. Tout sociétaire doit avoir son appartement indépendant, et doit être libre de manger chez lui, d'entrer, de sortir à toute heure ; il doit pouvoir se livrer à l'isolement quand et comme bon lui semble, et en toute liberté ; le plaisir seul de se trouver avec ses co-associés, doit l'amener à vivre avec eux.

En définitive, un ménage sociétaire n'est pas autre chose que la réunion d'un grand nombre de personnes de tout âge, de tout sexe, mariées ou non, associées entre elles, afin d'obtenir une grande économie sur leurs dépenses habituelles, et de réaliser, par ce moyen, une plus grande somme de bien-être.

Ce bien-être résultant de l'association est plus considérable qu'on ne le croit généralement, et nous pouvons le certifier, les ouvriers, si accablés aujourd'hui par la misère, par l'insuffisance des salaires, se trouveraient relativement dans une grande abondance, leur bien-être arriverait jusqu'au luxe.

Nous affirmons que si quelques centaines de familles ouvrières s'associaient entre elles, il suffirait d'une somme de trois francs par jour pour un ouvrier, sa femme et deux enfants, pour les faire jouir tous, des avantages suivants :

1° D'un logement très-confortable, suffisamment vaste, bien aéré, agréablement agencé, chauffé et éclairé ; le loyer de ce logement serait calculé pour fournir aux fondateurs des bâtiments du ménage sociétaire, un revenu de 6 0[0, intérêt et amortissement compris ;

L'amortissement ayant pour but de rendre les travailleurs propriétaires de ces bâtiments au bout d'un certain nombre d'années ;

2° D'une nourriture agréable, saine, copieuse et variée ;

3° D'un abonnement au médecin, à la pharmacie et à l'infirmerie (1) ;

4° Du soin des vieillards ne pouvant plus travailler ;

5° Des crèches et salles d'asile ;

6° De l'école primaire ;

7° De l'éducation professionnelle, c'est-à-dire de l'apprentissage pour les enfants des professions les plus répandues et les plus nécessaires ;

8° De l'enseignement de la musique et de la gymnastique ;

9° De l'abonnement aux journaux et à la bibliothèque ;

10° Du blanchissage de linge gratuit et des bains en toutes saisons.

Non-seulement l'abonnement de trois francs par famille donnerait tous ces avantages, mais il permettrait encore de faire face aux frais de réunions et des plaisirs honnêtes qui pourraient avoir lieu tous les dimanches.

Tous ces résultats sont trop faciles à concevoir pour insister plus longtemps.

Toujours est-il que par l'association dans la consommation les travailleurs obtiendraient, au matériel, un plus grand bien-être, au moral, une plus grande dignité.

Il est donc évident qu'un gouvernement socialiste devrait dans le plus bref délai opérer des essais complets afin d'encourager la généralisation d'une réforme aussi bienfaisante.

CONCLUSION.

Les réformes que nous venons de proposer ne sont point seulement favorables aux classes ouvrières ; il nous est facile de prouver qu'elles sont peut-être plus favorables encore à la bourgeoisie ; si donc elle s'opposait à leur réalisation, elle commettrait la plus criante injustice, bien plus, elle commettrait la plus terrible faute dans son propre intérêt, car il faut qu'elle le sache bien, ou elle se sauvera en réalisant les réformes, ou elle marche à sa perte si elle ne veut rien faire.

Examinons donc d'abord les conséquences de ces réformes au point de vue du travail, nous les examinerons ensuite au point de vue du capital.

Nous avons dit que par la réforme du crédit et du commerce, on obtiendrait un abaissement général du prix des produits de 25 0[0 au moins en moyenne ;

---

(1) Les malades seraient soignés dans l'intérieur du ménage sociétaire, et pourraient ainsi recevoir les soins de leurs parents et amis.

c'est donc pour le travailleur consommateur exactement comme si l'on augmentait son salaire de 25 0[0.

Il est vrai que si l'on se contentait de réformer le crédit et le commerce sans établir aucune garantie en faveur du travailleur dans la production, le capital continuant de prélever tous les bénéfices, et les patrons producteurs continuant de se livrer à la concurrence acharnée, il en résulterait promptement un avilissement des salaires égal à l'abaissement du prix des produits, et finalement le travailleur n'aurait rien gagné à la réforme.

Mais si l'on arrive par l'association à ce que les travailleurs aient voix au conseil, si on ne peut plus diminuer les salaires sans leur consentement, il est évident que les salaires se maintiendront ; ils profiteront donc bien réellement de l'abaissement du prix des produits.

Cet immense avantage obtenu par les travailleurs serait encore accru de toute leur participation aux bénéfices par l'association.

Ce bénéfice serait d'autant plus considérable que la réalisation de l'association dans la consommation leur permettrait de diminuer considérablement leurs dépenses tout en augmentant immensément leur bien-être.

Or, si le travail peut maintenir ses salaires actuels par l'association ; si le maintien de ces salaires équivaut pour le travailleur à une augmentation de 25 0[0 par le fait de la reforme du commerce et de la banque ; si la participation aux bénéfices lui donne les moyens de gagner plus qu'il ne dépense ; s'il trouve dans le ménage sociétaire l'économie et le bien-être, il est évident que le sort des travailleurs sera complètement changé, ils seront à l'abri des privations et de la misère, ils pourront faire des économies qui leur permettront de devenir promptement les propriétaires de leurs instruments de travail, et ces économies seront obtenues sans haines, sans luttes, sans guerre sociale, sans avoir besoin de contester les droits du capital, en respectant et maintenant la propriété.

Les avantages que la bourgeoisie peut attendre de ces réformes ne sont pas moins faciles à démontrer.

Nous n'avons pas à démontrer combien la réforme du crédit serait une chose utile et avantageuse à tous les propriétaires, à tous les manufacturiers, à tous les détenteurs de produits ; il suffit d'énoncer que tout emprunteur solvable empruntera à 3 0[0, il n'y a pas besoin d'autre démonstration : propriétaires, manufacturiers et détenteurs de produits n'ont qu'à faire la balance entre ce modique intérêt, et ce qu'ils paient aujourd'hui au capital ; quant à la réforme du commerce, elle est tout aussi évidente.

En effet, si par une réforme de commerce on pouvait arriver à dégrever les produits de 25 0[0, ainsi que nous l'avons indiqué, il est clair que ce dégrèvement permettrait une consommation infiniment plus grande, surtout à l'étranger.

Cet accroissement de consommation donnerait un accroissement parallèle de la production, ce serait donc un écoulement immense pour nos produits, une richesse inattendue pour tous les propriétaires et manufacturiers.

Les bienfaits de ces deux réformes ne peuvent être contestés, ils sont même beaucoup plus favorables à la bourgeoisie qu'au prolétariat.

Il en est de même de l'association dans la production, malgré qu'en apparence le capital soit obligé de faire des sacrifices.

Il n'en est rien si l'association est faite scientifiquement ; quelle que soit la part attribuée au travail, le capital gagnera plus avec l'association qu'il ne gagne aujourd'hui avec le morcellement.

Supposons donc que les chefs d'industrie reconnaissent enfin que leur situation est rendue intolérable, soit par les attaques incessantes qui sapent leur position, soit par les désordres et les dangers de l'industrie actuelle, — et qu'elle est immorale et par cela même dangereuse, puisqu'ily a danger dans ce fait que l'humanité est partagée en deux classes bien distinctes, *dont l'une a toutes les richesses et l'autre toutes les miséres ;*

Supposons qu'ils reconnaissent que cette injustice est la source de toutes les révolutions, et que la maintenir c'est établir une lutte incessante, un conflit de tous les jours, *qui oblige les possesseurs à être toujours vainqueurs et compresseurs, sous peine de mort en cas d'un seul insuccès*, et, partant, qu'il vaudrait mieux pour eux assurer leur position, leur tranquillité, au prix de quelque sacrifice (à plus forte raison si le sacrifice n'existe pas), arriver à l'union, à la paix, à la fraternité avec le travail, moyennant de sages concessions, plutôt que de soutenir un combat éternel où la moindre défaite serait l'anéantissement;

Supposons que, par réciprocité, les travailleurs admettent que maintenir la haine, l'envie contre la possession, le blocus contre le capital, ne pourrait qu'entraîner pendant de bien longues années encore, une aggravation cruelle de leurs souffrances et de leurs misères;

En conséquence, qu'ouvriers et patrons reconnaissant que cette situation est intolérable, et que, à défaut du sentiment de justice, leur intérêt exige qu'ils s'entendent, se décident à S'ASSOCIER.

Alors par le fait de l'association dans une industrie, au lieu de dix, vingt, cent maisons de fabrique, livrées au combat de la concurrence, ayant cent loyers, cent chefs, des milliers d'employés; frappées d'impuissance par manque de capitaux, ignorant des besoins de la consommation, en butte à la haine, au gaspillage des travailleurs, nous avons une seule maison, puissante par ses capitaux, n'ayant qu'un loyer, qu'un directeur en chef, reconnu le plus capable par l'élection; cette maison unique, par cela seul qu'elle est unique, connaît la réalité des besoins; elle peut donc équilibrer la production avec la consommation.

Les propriétés de l'association sont assez connues pour que personne au monde ne puisse contester l'économie prodigieuse qu'elle peut apporter dans l'industrie actuelle.

En effet, si l'on admet que l'association engendre de grandes économies, ces économies, obtenues par l'organisation nouvelle, constituent un accroissement considérable de bénéfices.

Or, ces bénéfices étant répartis entre le capital et le travail, voici ce qui en résulte:

Les anciens patrons étant devenus actionnaires dans l'association, par leur apport en valeurs de toute espèce, ont droit à la participation aux bénéfices en proportion de leur apport en capital,

Et c'est cette part de bénéfices attribuée au capital, qui est largement suffisante pour réaliser ce que nous avons avancé,

A savoir: que les capitalistes, les patrons, trouvent tout aussi bien leur avantage dans l'association que les ouvriers eux-mêmes. — Dans l'état actuel il est vrai qu'ils ont tous les bénéfices; mais cette totalité des bénéfices n'est qu'une illusion. Combien y a-t-il de capitalistes ruinés pour un qui fait fortune? L'industrie n'est-elle pas une loterie où il y a dix billets perdants pour un gagnant? N'est-il pas connu que les commerçants, les industriels, travaillent ardemment toute l'année, et que tous les fruits de leurs travaux ne servent pas souvent à autre chose qu'à payer leurs frais généraux?

Dans l'association, au contraire, il est possible que le capital n'ait que le tiers ou la moitié des bénéfices, *mais ces bénéfices, devenus considérables par l'immensité des économies et assurés par toutes les conditions favorables de l'association,* donneraient, en définitive, aux patrons associés des résultats plus importants que lorsqu'ils percevaient tous les bénéfices.

Imprimerie Lange Lévy et Comp., rue du Croissant, 16.

www.ingramcontent.com/pod-product-compliance
Lightning Source LLC
Chambersburg PA
CBHW051353050726
47595CB00006B/2531